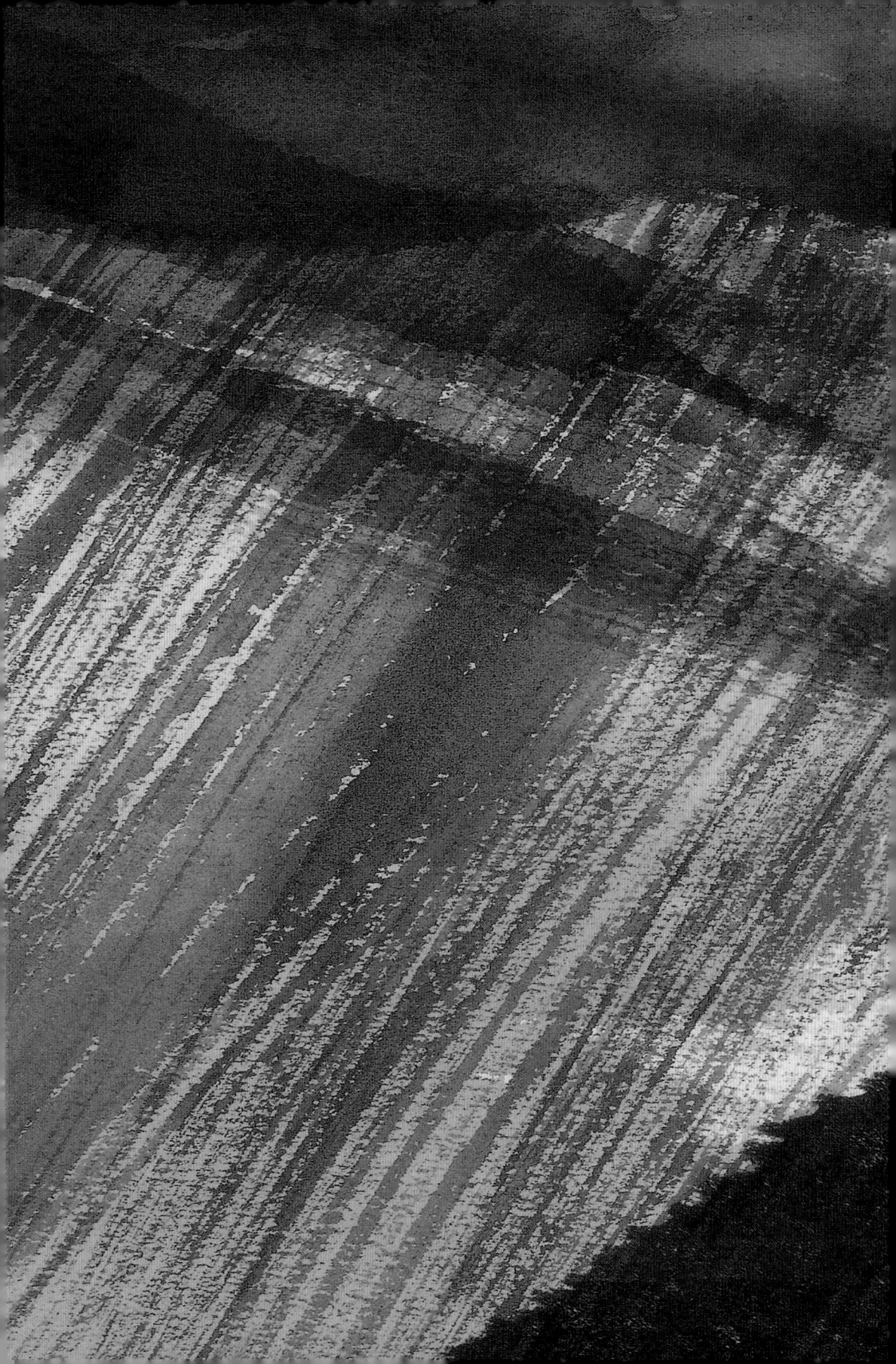

흔들린다

함민복 시 | 한성옥 그림

작가
정신

집에 그늘이 너무 크게 들어 아주 베어버린다고
참죽나무 균형 살피며 가지 먼저 베어 내려오는
익선이 형이 아슬아슬하다

나무는
가지를 벨 때마다
흔들림이
심해지고

흔들림에

흔들림 가지가

무성해져

나무는 부들부들 몸통을 떤다

나무는 최선을 다해
중심을 잡고 있었구나
가지 하나
이파리 하나하나까지

흔들리지 않으려
흔들렸었구나
흔들려
덜 흔들렸었구나

흔들림의 중심에
나무는 서
있었구나

그늘을 다스리는 일도

숨을 쉬는 일도

숨을 쉬는 일도

결혼하고 자식을 낳고
직장을 옮기는 일도
다
흔들리지 않으려 흔들리고

흔들려 흔들리지 않으려고
가지 뻗고
이파리 틔우는
일이었구나

시 함민복

1962년 충북 충주에서 태어났다. 서울예대 문예창작과를 졸업하고 1988년 《세계의 문학》으로 등단했다. 시집 『우울 씨의 일일』 『자본주의의 약속』 『모든 경계에는 꽃이 핀다』 『말랑말랑한 힘』 『눈물을 자르는 눈꺼풀처럼』이 있으며, 동시집 『바닷물, 에고 짜다』, 산문집 『눈물은 왜 짠가』 『미안한 마음』 『길들은 다 일가친척이다』 『절하고 싶다』, 시화집 『꽃봇대』 등이 있다. 오늘의 젊은 예술가상, 김수영문학상, 박용래문학상, 애지문학상, 윤동주문학대상 등을 수상했다.

그림 한성옥

이화여자대학교에서 서양화과를 졸업하고, 미국 F.I.T.와 School of Visual Art에서 일러스트레이션을 전공했다. 17세기 시인 바쇼의 이야기를 다룬 그림책 『시인과 여우』로 이르마·제임스 블랙상 명예상을 수상했으며 이후 볼로냐 국제아동도서전 올해의 일러스트레이터, 뉴욕 일러스트레이터 협회상, 한국어린이도서상 등을 수상했다. 작품으로 『나무는 알고 있지』 『행복한 우리 가족』 『나의 사직동』 『수염 할아버지』 『우렁 각시』 『시인과 요술 조약돌』 『아주 특별한 요리책』 등이 있다.

작가정신 시그림책

흔들린다

초판 1쇄 발행일_2017년 11월 10일 | 초판 5쇄 발행일_2024년 5월 30일
시_함민복 | 그림_한성옥
펴낸이 박진숙 | 펴낸곳 작가정신 | 출판등록 1987년 11월 14일(제1-537호)
주소_(10881) 경기도 파주시 광인사길 143 2층 | 전화_(031)955-6230 | 팩스_(031)955-6294
이메일_mint@jakka.co.kr | 홈페이지_www.jakka.co.kr

시 ⓒ 함민복, 2017
그림 ⓒ 한성옥, 2017

ISBN 979-11-6026-658-0 04810
ISBN 979-11-6026-657-3 (세트)

이 책은 저작권법에 따라 보호받는 저작물이므로 무단 전재와 무단 복제를 금지하며,
이 책 내용의 전부 또는 일부를 이용하려면 반드시 저작권자와 도서출판 작가정신의 서면 동의를 받아야 합니다.

* 책값은 뒤표지에 있습니다. * 잘못된 책은 바꾸어 드립니다.

흔들린다

집에 그늘이 너무 크게 들어 아주 베어버린다고
참죽나무 균형 살피며 가지 먼저 베어 내려오는
익선이 형이 아슬아슬하다

나무는 가지를 벨 때마다 흔들림이 심해지고
흔들림에 흔들림 가지가 무성해져
나무는 부들부들 몸통을 떤다

나무는 최선을 다해 중심을 잡고 있었구나
가지 하나 이파리 하나하나까지
흔들리지 않으려 흔들렸었구나
흔들려 덜 흔들렸었구나
흔들림의 중심에 나무는 서 있었구나

그늘을 다스리는 일도 숨을 쉬는 일도
결혼하고 자식을 낳고 직장을 옮기는 일도
다
흔들리지 않으려 흔들리고
흔들려 흔들리지 않으려고
가지 뻗고 이파리 틔우는 일이었구나